LOUIS HESSELIN

AMATEUR PARISIEN

INTENDANT DES PLAISIRS DU ROI

1600 (?) - 1662

PAR

R. DE CREVECŒUR

PARIS

1895

LOUIS HESSELIN

AMATEUR PARISIEN

INTENDANT DES PLAISIRS DU ROI

1600 (?) - 1662.

(Extrait des *Mémoires de la Société de l'Histoire de Paris et de l'Ile-de-France*, t. XXII (1895).

LOUIS HESSELIN

AMATEUR PARISIEN

INTENDANT DES PLAISIRS DU ROI

1600 (?) - 1662

PAR

R. DE CRÈVECŒUR

PARIS

1895

LOUIS HESSELIN

AMATEUR PARISIEN

INTENDANT DES PLAISIRS DU ROI

1600 (?) - 1662.

Hesselin a eu, au XVIIᵉ siècle, une grande notoriété. C'était un amateur et un collectionneur très entendu, qui, servi par une fortune considérable, avait pu acquérir ou commander des œuvres d'art d'une grande valeur et avait construit dans l'île Saint-Louis un hôtel aussi remarquable par son aspect extérieur que par les détails de son ornementation. C'était aussi un homme de plaisir, aux goûts raffinés, qui s'était fait une spécialité de l'organisation des ballets et des divertissements, si fort en vogue à cette époque.

Son nom se trouve donc partout, et cependant le personnage lui-même a toujours été négligé par les biographes; son véritable nom, même, est à peine connu, et on ne le rencontre, je crois, que dans le *Dictionnaire des amateurs français au XVIIᵉ siècle*, de M. Edmond Bonnafé, qui a emprunté l'indication à M. le baron Jérôme Pichon[1], dont l'érudition spéciale n'est jamais en défaut.

Par malheur, je dois l'avouer, j'avais négligé de recourir à ces sources lorsque j'ai commencé mes recherches. J'avais naturellement pensé qu'Hesselin appartenait à la vieille famille parisienne de ce nom[2], dont on possède la filiation suivie depuis le XVᵉ siècle, mais qui paraît avoir eu des représentants à Paris dès 1297.

---

1. Notes du *Journal de John Evelyn*, publié à la suite du *Voyage de Lister* par la Société des bibliophiles français (1873), p. 247.

2. Le plus connu de ces Hesselin est Denis, prévôt des marchands, puis clerc de la ville, qui eut à Paris une position très considérable dans la seconde moitié du XVᵉ siècle. On lui a attribué la rédaction de la *Chronique scandaleuse*, écrite en réalité par Jean de Roye.

J'avais inutilement compulsé toutes les généalogies, suivi toutes les branches; Louis Hesselin ne se trouvait nulle part. C'est l'abbé de Marolles qui me mit sur la voie; dans ses *Mémoires*[1], il cite parmi ses condisciples au collège de Clermont « M. Hesselin, « Louis Cauchon, seigneur de Condé, depuis maître de la « Chambre aux deniers, et l'un des plus honnêtes hommes de « notre temps. » C'était le fil conducteur, et les généalogies de la famille Cauchon[2] me donnèrent tout de suite les indications que je cherchais.

Louis Cauchon (celui que nous connaissons sous le nom d'Hesselin) était fils de Pierre Cauchon, seigneur de Condé, auditeur à la Chambre des comptes, et d'Élisabeth ou Isabelle Morin. Pierre Cauchon, qui vivait encore en 1609 et mourut avant 1614[3], était lui-même fils de Thierry Cauchon et de sa seconde femme, Madeleine Brulart, fille de Noël Brulart, procureur général au parlement. La première femme de Thierry Cauchon était Madeleine Hesselin, fille de Paris, maître des comptes. Les Cauchon appartenaient à une très ancienne famille, originaire de Champagne, qui portait : *de gueules, au griffon d'or ailé d'argent.*

La mère de notre personnage, Élisabeth Morin, était fille de Mathurin Morin, seigneur de la Planchette en Brie, hérault d'armes des ordres du roi, et de Marie Hesselin, sœur de Madeleine Hesselin, dont je viens de parler[4]. Elle vivait encore en 1619, et demeurait dans la Cité, paroisse Saint-Denis-de-la-Chartre[5].

J'ignore la date exacte de la naissance de Louis Cauchon, mais on peut la fixer presque à coup sûr à l'année 1600, d'après l'époque où il atteignit sa majorité. Il était donc né à peu près en même temps que son condisciple l'abbé de Marolles.

Il fut tenu sur les fonts par son grand-oncle Louis Hesselin,

---

1. Amsterdam, 1655, in-12, t. I, p. 57.

2. Voy. Bibl. nat., Cabinet des titres, *Nouveau d'Hozier*, n° 1627; Pièces originales, vol. 620, et aussi la *Généalogie historique de la famille Cauchon*, par le comte E. de Barthélemy, parue d'abord dans la *Revue d'histoire nobiliaire* et publiée à part par la Société bibliographique (1882, in-8°, 41 p.).

3. Pièces originales, vol. 620, n°° 80 et 82.

4. Voy. généalogie de d'Hozier, Cabinet des titres, 637, fol. 359.

5. Pièces originales, vol. 620, n°° 83 à 85. Il résulte de ces pièces qu'elle avait plusieurs enfants mineurs. Louis paraît avoir seul survécu et toutes les généalogies lui donnent la qualification de fils unique.

frère de sa grand'mère maternelle Marie Hesselin, et c'est là l'origine du nom que nous lui voyons prendre plus tard.

Louis Hesselin n'était pas marié; il traita son petit-neveu comme un fils et, par testament du 18 août 1620, lui légua tous ses biens, à condition que lui et sa postérité masculine porteraient le nom d'Hesselin « sans adjection aucune. » Notre personnage fit régulariser ce changement de nom par lettres patentes de décembre 1626, qui furent enregistrées au parlement le 19 du même mois[1]. Il n'avait du reste pas attendu cette autorisation pour prendre le nom de son oncle, et nous le voyons en 1623 signer : Louis Hesselin, écuyer, sieur de Condé[2]. Il n'avait pas encore atteint sa majorité à cette époque, mais il était émancipé. Peu de temps après, ce sont les lettres patentes qui nous l'apprennent, il s'était fait pourvoir de l'office de maître de la Chambre aux deniers[3] sous le nom de Louis Hesselin, et ce fut à cette occasion qu'il eut à demander une sanction légale de son changement de nom.

Hesselin nous échappe ensuite pendant quelque temps; nous le retrouvons seulement en 1634. Le 6 juillet de cette année, il signe, à Reims, au contrat de mariage de son cousin messire Antoine Godet, vicomte de Soudé, maréchal des camps et armées du roi, dont la grand'mère était née Cauchon, avec demoiselle Marie Goujon, fille elle-même d'une demoiselle Cauchon. Hesselin est qualifié conseiller du roi en ses conseils, maître d'hôtel ordinaire du roi et maître de sa Chambre aux deniers[4].

Le 6 janvier 1638, il tient sur les fonts baptismaux à Saint-Germain-l'Auxerrois, avec « damoiselle Renée d'Elbeuf, fille de « défunt messire René d'Elbeuf, vivant chevalier, sieur de Beau- « mény, » Louis-René Vouet, fils du célèbre peintre Simon Vouet[5]. Il porte dans cet acte les mêmes qualifications que dans le précédent.

---

1. Le texte complet de ces lettres est aux Archives nationales sous la cote X¹ᵃ 8650, fol. 425.

2. Pièces originales, vol. 1520, Hesselin.

3. Les maîtres de la Chambre aux deniers étaient des sortes de trésoriers qui avaient à fournir des fonds au grand maître de la maison du roi et au maître d'hôtel servant. Je crois qu'ils étaient, au moins en 1660, au nombre de cinq, dont trois triennaux et deux alternatifs. Hesselin, au moment de sa mort, possédait trois de ces charges.

4. Dossiers bleus, vol. 318, Godet. Le vicomte de Soudé, que nous rencontrerons encore, mourut à Paris en juin 1668.

5. *Actes d'état civil d'artistes*, par Herluison, p. 455.

Je dirai ici quelques mots sur Mlle d'Elbeuf, qui a joué dans la vie de Hesselin un rôle important, mais absolument inconnu jusqu'ici. D'abord, qu'était Mlle d'Elbeuf? Par une coïncidence assez singulière, j'ai eu à m'occuper de son père il y a quelques années, et je lui ai consacré un petit travail qui a paru dans une revue généalogique[1] sous le titre de : *un Légitimé de Lorraine.*

René d'Elbeuf, sieur de Beaumesnil, était le fils naturel de René, marquis d'Elbeuf, général des galères, et d'une Écossaise nommée Marie Chrétien. Né en 1566 ou 1567, il ne fut naturalisé, légitimé et anobli qu'en 1627, c'est-à-dire lorsqu'il avait plus de soixante ans. L'année suivante, le 27 septembre 1628, il épousait à Saint-Sulpice demoiselle Isabelle de Lormeau, dont il avait déjà trois enfants : Renée, qui nous occupe[2], un garçon nommé Charles et une seconde fille appelée Claude. M. de Beaumesnil mourut quatre mois après ce mariage presque *in extremis.* J'avais pu, dans l'article précité, auquel je renvoie pour toutes les indications de sources, montrer ce qu'étaient devenus Charles et Claude d'Elbeuf, mais je n'avais rien découvert sur leur sœur aînée.

Il est difficile de dire quel était son âge lorsqu'elle figurait avec Hesselin au baptême du jeune Vouet, mais ce n'était certainement plus une enfant et il est permis de croire qu'elle était déjà au mieux avec son galant compère. En tout cas, ce n'est qu'une question de date, car la liaison est incontestable. On en trouve la preuve dans des lettres patentes d'octobre 1656[3] dont voici un extrait :

« Louis... Nostre amé et féal conseiller en nos conseils, maistre
« de nostre Chambre aux deniers, Louis Hesselin, nous a faict
« remontrer qu'ayant quelques années eu conversation familière
« avec deffuncte damoiselle Renée d'Elbeuf, l'ung et l'autre solus
« et non mariez, de leurs privautez il seroit issu un enfant masle
« que l'exposant, pour conserver l'honneur de ladicte damoiselle,
« auroit faict baptiser sous les noms de Louis, fils de Louis-René
« Le Normant et de Catherine de Crèvecœur, ses père et mère,

---

1. *Bulletin héraldique de France,* juin 1889, p. 345.

2. Nommé René dans l'extrait de l'acte de mariage que j'avais sous les yeux (Cabinet des titres, 1013, mariages de Saint-Sulpice, p. 66), ce qui m'avait fait croire que c'était un garçon.

3. Enregistrées au Parlement le 16 avril 1658 (Arch. nat., X^1a^ 8660, fol. 424).

« qui sont des personnes et des noms supposez..., et de faict cet
« enfant, lequel lors de son baptême fust nommé Louis, l'expo-
« sant, depuis quelques années, l'a faict nommer le chevalier
« Hesselin, aagé maintenant de huict à neuf ans, et prétend le
« faire eslever et instruire avec grand soin, ainsi qu'il l'a faict
« jusques à présent. »

Hesselin, « pressé par la tendresse qu'il a pour cest enfant dans
« la veritté de sa naissance, » et pour faire cesser l'infériorité
légale qu'entraînait l'irrégularité de sa position (incapacité de suc-
céder, de tenir des bénéfices, de recevoir des legs et donations,
etc.), demandait la légitimation, qui fut accordée.

Cet incident de la vie privée de notre personnage nous a entraî-
nés un peu loin. Il faut revenir sur nos pas, et précisément à
l'époque où nous avons trouvé le baptême Vouet.

Le Père Nicéron, dans le livre intitulé : *la Perspective curieuse
ou magie artificielle*[1], nous parle le premier des collections
d'Hesselin à propos des miroirs plats, cylindriques et coniques.
« Il en a, dit-il, fait dresser un d'importance, ne voulant pas per-
« mettre que quelque chose de curieux manquât à son cabinet de
« ce qui se peut recouvrer à quelque prix que ce soit. J'appelle
« son cabinet toute sa maison ; car véritablement elle est ornée et
« remplie de tant de raretés, on y voit tant de belles glaces, d'ex-
« cellens miroirs, tant de rares peintures et des pièces à ravir pour
« les ronde-bosses et les reliefs, tant de beaux et bons livres en
« toutes sortes de sciences qu'on la peut dire l'abrégé des cabinets
« de Paris et que les rares diversitez qui sont çà et là en tous les
« autres se retrouvent en cestuy-ci soigneusement assemblées. »

On pourrait penser qu'il est question ici de la belle maison
qu'Hesselin fit bâtir dans l'île Saint-Louis, mais, en lisant soigneusement le passage, on peut se convaincre qu'il s'agit des collections et non de l'habitation. — Il est du reste impossible d'admettre que l'hôtel d'Hesselin ait pu être terminé avant 1638, si
l'on envisage l'époque à laquelle ont été entrepris la plupart des
travaux de l'île et aussi si l'on songe que Louis Levau, qui a fait
les plans, né en 1612 ou 1613, n'était en 1638 qu'un très jeune
homme et ne devait exercer son art que depuis fort peu de temps.

Hesselin demeurait probablement alors soit dans la maison de
Pierre Cauchon son père, qui était située rue de la Harpe, sur la

---

1. Paris, 1638, in-fol., p. 77.

paroisse Saint-Benoît[1], soit dans celle de sa mère dans la Cité[2], soit enfin dans celle qu'il avait dû hériter de son grand-oncle Hesselin et dont j'ignore la situation.

Tout ce qu'il est permis d'affirmer, c'est que notre personnage était, avant 1638, un des propriétaires de l'île Saint-Louis et qu'il figure à ce titre avec ses deux voisins, MM. d'Astry et Sainc-tot, dans un procès intenté contre les entrepreneurs des travaux de l'île[3]. Son hôtel dut être commencé, vers cette époque, sur les 416 toises[4] acquises par lui derrière l'église Saint-Louis, ayant façade sur le quai Dauphin ou des Balcons à l'encoignure de la rue Poulletier[5], et il ne fut vraisemblablement terminé que quatre ou cinq ans plus tard. Dès 1644, on le voit mentionné dans le *Journal de John Evelyn*, déjà cité, mais la première description est celle qu'en donne Sauval[6] ; c'est aussi la plus connue, et il est inutile de la reproduire. Sauval cite comme artistes, après l'architecte Levau, les sculpteurs Le Hongre, Gilles Guérin[7], Jacques Blanchard, Dorigny, Remi, Van Obstal, les peintres Vouet, Fioraventi et Jacques Sarrasin. A l'époque où écrivait Sauval, les décorations intérieures n'étaient pas terminées ; Lebrun[8] devait peindre une salle et Lesueur la chapelle.

La description de Germain Brice[9] est plus succincte, mais bien faite ; Piganiol de la Force[10] dit à peine quelques mots, mais l'ouvrage le plus intéressant pour qui veut se rendre compte de l'aspect intérieur et de la distribution de l'hôtel, c'est l'*Architecture française* de Jacques-François Blondel[11], où l'on trouve huit

---

1. Pièces originales, vol. 2054, Morin.

2. Voy. ci-devant.

3. *Maisons de Paris*, par Lefeuve, t. IV, p. 348.

4. *Ibid.*, t. I, p. 382.

5. C'est actuellement le n° 24 du quai de Béthune.

6. *Histoire des antiquités de la ville de Paris* (1724, in-fol.), t. III, p. 14. Malgré la date qu'il porte, l'ouvrage était presque terminé en 1654.

7. Voyez les *Mémoires inédits sur la vie et les ouvrages des membres des Académies de peinture et de sculpture*, publiés en 1854 ; Mémoire sur Gilles Guérin par Guillet de Saint-Georges, p. 262.

8. Guillet, dans son Mémoire sur Lesueur (p. 18 des *Mémoires inédits*), ne parle pas de ces peintures.

9. *Description de la ville de Paris*, édition de 1717, p. 184 ; la première édition est de 1685 et la rédaction est postérieure à celle de Sauval.

10. *Antiquités de Paris* (1765), t. I, p. 288 *bis*.

11. 4 volumes in-fol., 1754-1756, t. II, p. 30.

planches de Jean Marot donnant les plans, élévations et vues de cette élégante construction.

Il paraît superflu d'entrer ici dans de plus amples détails; il importe seulement, à notre point de vue de biographe, de faire remarquer les armes qui, sur le dessin de Marot, ornaient la façade de l'hôtel. C'est, d'après Guillet de Saint-Georges[1], Gilles Guérin qui avait sculpté l'écusson où, par une singulière disposition, les armes des Cauchon et des Hesselin[2] se trouvaient *accolées* comme celles d'un mari et d'une femme. Le beau portrait d'Hesselin gravé par Nanteuil, dont il sera parlé plus loin, ne reproduit pas cette faute héraldique; on y retrouve les mêmes armoiries, mais écartelées.

Hesselin ne possédait pas seulement l'hôtel de l'île Saint-Louis, il avait encore une belle maison de campagne, nommée Chantemesle, située à Essonnes, sur la route de Paris à Fontainebleau. C'était une acquisition qu'il avait faite d'un M. de Chantemesle, dont j'ignore le nom patronymique. Il la possédait avant 1638, d'après la date d'une convention qu'il passa à cette époque avec l'ordre de Malte, qui, comme possesseur de la commanderie de Saint-Jean-en-l'Ile, de Corbeil, avait Chantemesle dans sa censive[3]. Israël Sylvestre nous a laissé une vue de cette maison[4], mais elle ne doit pas en donner une idée très exacte; le dessin est un peu confus et laisse mal deviner la disposition de l'édifice et de ses entourages.

Il ne semble pas qu'Hesselin ait été le constructeur de Chantemesle, mais il y avait fait de grands travaux. La légende du dessin d'Israël Sylvestre mentionne « des jardinages et des cascades. » Sauval[5] parle d' « Essonne ou Chantemesle, si célèbre par tant de « machines dont l'inventif Hesselin s'était servi. » Le *Journal de John Evelyn*[6] donne un peu plus de détails. « Nous passâmes,

---

1. Mémoire cité.

2. On a indiqué plus haut les armoiries de la famille Cauchon. Les Hesselin portaient « d'or, à deux fasces d'azur et quatorze croix fleuronnées de « l'un en l'autre. »

3. Arch. nat., S. 5149; on y trouve aussi des plans de la propriété : Seine-et-Oise, 3e classe, nᵒˢ 27 et 519.

4. *Veue et perspective de la maison de Chantemesle, lieu très curieux pour les jardinages et cascades d'eaux...*

5. T. III, p. 51.

6. Déjà cité; le passage reproduit est daté de 1644.

« dit-il, à Essonne, maison appartenant à M. Hesselin, un grand
« curieux ; nous y vîmes de bons tableaux, mais rien de si remar-
« quable que ses jardins, ses fontaines, ses bassins, surtout celui
« de forme triangulaire, où l'eau arrive par une quantité de mas-
« carons disposés-tout autour. Il y a aussi une belle cascade avec
« de jolis bains... Sous une table de marbre, il y a une fontaine
« dont le jet figure des serpents qui s'entrelacent autour d'un
« globe. »

Chantemesle était entouré de plusieurs rivières, et Hesselin avait
établi des machines élévatoires[1], fournissant en abondance des
eaux jaillissantes, qui jouaient un grand rôle dans ses fêtes.

La maison était très ornée. Guillet[2] parle d'un plafond peint par
Lebrun et de plusieurs ouvrages de sculpture dus à Gilles Guérin
sur les dessins de Sarrazin[3]. Hesselin avait fait graver sur la porte
de son vestibule cette inscription d'une orgueilleuse modestie :
Parva quidem sed [apta][4].

Maintenant que notre personnage est posé dans son cadre, je
chercherai à donner quelques détails sur son existence mondaine,
car jusqu'ici je n'ai guère touché qu'à sa vie privée.

Comme on l'a vu, il semble avoir consacré tout le commencement de sa carrière à s'organiser deux résidences somptueuses,
jetant l'argent à pleines mains pour satisfaire à ses goûts artis-
tiques et à son amour du luxe. Si l'on en croit Loret[5], il avait
même fait en Italie plusieurs voyages, probablement pour aug-
menter ses collections. Aussi avait-il un renom de magnificence
dont nous trouvons la trace dans Boisrobert. On lit dans son
épître à M. de Campagno[6], qui voulait réformer son train :

> Recevrais-tu comme Allemans
> Les Esselins et les Talmans[7] ?
> Et ces vrais amis généreux,
> Qui sont de petits rois chez eux,

---

1. Il en est question dans une transaction passée par Hesselin en 1660
avec le commandeur de Saint-Jean-en-l'Ile (Arch. nat., S. 5149).

2. Mémoire sur Lebrun déjà cité.

3. Ibid., sur Sarrazin et sur Guérin.

4. Relation de 1656 citée plus loin. — Cette même inscription se lit
encore aujourd'hui au château de Madrid.

5. *Muse historique*, 20 juin 1654 : « Qui plusieurs fois a vu le Tibre. »

6. Boisrobert, *Épîtres*, 1647, in-4°, p. 122.

7. Tallemant, le maître des requêtes.

> Feraient trop rude pénitence
> Sans t'avoir fait aucune offense [1].

Mais cette notoriété ne lui suffisait pas, et il chercha à se créer une situation dans le monde de la cour. Cela n'était pas très facile. Sa charge de maître de la Chambre aux deniers le rattachait bien à la maison royale, mais la fonction était modeste et ne le classait nullement parmi les commensaux du roi. A force de savoir faire, d'ingéniosité et aussi d'argent, il parvint à se faire accepter, mais, à vrai dire, il ne fut jamais qu'à côté de la cour : ce fut surtout un amuseur. La maison d'Essonnes, située sur la route de Fontainebleau, à moitié chemin de la résidence royale, lui fut d'un grand secours; elle devint une étape habituelle de la cour et des grands personnages, mais la principale origine de ses succès fut l'organisation des ballets.

La première fois que nous voyons Hesselin cité dans la *Gazette*, c'est en 1646 [2]; mais il n'en est certainement pas à son coup d'essai. Le 18 août, la reine d'Angleterre, accompagnée du prince de Galles, son fils, du prince Robert, son neveu, et d'une suite de près de 300 personnes, va coucher chez Hesselin à Chante-mesle. Un somptueux repas, pendant lequel des musiciens se firent entendre, fut suivi d'un bal, puis d'un ballet improvisé, qui obtint un grand succès [3]. La reine s'arrêta encore à Essonnes le 23 août, à son retour de Fontainebleau.

Deux mois après, le 4 octobre 1646 [4], l'ambassadeur extraordinaire de Suède, revenant de Fontainebleau, alla coucher chez Hesselin, « qui le traita splendidement. » Le diplomate s'était, paraît-il, bien trouvé de la réception, car, le 14 du même mois, il va dîner chez Hesselin « dans sa belle maison de l'Isle, » et il

---

1. M. Paulin Paris, qui cite ces vers dans les notes de l'historiette de Gédéon Tallemant (*Historiettes*, t. VI, p. 260), n'a pas identifié Hesselin qu'il semble confondre dans sa table avec un imprimeur nommé Lesselin. J'ai vainement cherché dans les épîtres anciennes et nouvelles de Boisrobert d'autres passages où il fût question d'Hesselin.

2. *Extraordinaire des Gazettes*, du 30 août 1646. On trouvera ici plus de quinze citations de la *Gazette*, mais la table ne mentionne qu'une seule fois le nom d'Hesselin, preuve nouvelle de l'insuffisance de ce travail auquel pourtant bien des chercheurs croient encore pouvoir se fier.

3. On trouve à la Bibliothèque nationale (mss. fr. 24357, bals et ballets) un extrait de la *Gazette*. M. Fournel en parle aussi dans les *Contemporains de Molière*, t. II, p. 193.

4. *Gazette* du 5 octobre 1646.

y a « le divertissement de plusieurs sortes de musique, d'un fort
« beau ballet et d'un bal qui fut terminé par un feu d'artifice sur
« la rivière[1]. »

L'année suivante, le 23 septembre 1647, c'est le landgrave de
Hesse qui va à Fontainebleau dans les carrosses de la cour et qui
est traité à Essonnes (chez Hesselin certainement) par les officiers
du roi[2].

Dubuisson Aubenay[3] nous apprend que, le 20 février 1648,
on donna un ballet d'Hesselin chez Mme de Nouveau, à la place
Royale.

On était alors en pleine Fronde. En janvier 1649, le jeune roi
quittait Paris; Hesselin en fit autant. Il paraît avoir séjourné à
Essonnes, où Dubuisson prétend, d'après un faux bruit (2 février
1649), qu'il doit héberger le duc Charles de Lorraine, en route
pour se rendre à la cour[4]. Le 18 mai 1650, il paraît avoir reçu
réellement à Chantemesle la princesse douairière de Condé[5].

Le 2 mai 1651, Hesselin prend part au ballet des *Fêtes de
Bacchus,* dansé par le jeune roi au Palais-Royal. Le livret
imprimé indique qu'Hesselin représentait Arlequin dans une
entrée de bateleurs. L'exemplaire qui se trouve au Cabinet des
estampes[6] est accompagné de dessins coloriés, dont l'un (p. 61)
représente Hesselin en Arlequin.

En octobre 1651, Hesselin a presque une mission politique, il
apporte un ordre du roi permettant au président Perrault, intendant du prince de Condé, de venir à Paris et d'y séjourner[7].

Puis nous revenons aux ballets. En 1652, notre personnage
figure dans le ballet de *Thétis et de Pelée.* Le roi, nous dit

---

1. *Gazette de France* du 20 octobre et ms. fr. 24357 déjà cité.
2. *Gazette* du 12 octobre 1647.
3. *Histoire des guerres civiles,* t. I, p. 9. Il écrit partout : Inselin.
4. *Ibid.,* I, 142.
5. *Ibid.,* I, 260.
6. Sous la cote P. 74. Petit in-fol., veau écaille, aux armes écartelées de
Cauchon et d'Hesselin frappées sur le plat. M. le baron Pichon possède
un livre de ballets portant la même reliure et les mêmes fers dont il attri-
bue les dessins à Labelle. J'y ai trouvé deux portraits d'Hesselin en cos-
tume de ballet. Voy., au sujet des relations d'Hesselin avec Labelle, le
Cabinet des singularités d'architecture, etc., par Florent Le Comte, 1700,
in-12, p. 75.
7. *Histoire des guerres civiles,* t. II, p. 123.

M. Germain Bapst[1], y portait divers déguisements, entre autres
celui d'un nègre « dansant dans une sorte de bamboula, composée
« de douze personnes à la figure couverte de noir, que M. Hesse-
« lin, le figurant et l'organisateur le plus assidu de tous les bal-
« lets, monté sur un chameau, dirigeait avec sa haute compé-
« tence. » Il figurait aussi en centaure dans une autre entrée de
ce ballet.

Pendant deux ans, nous sommes sans nouvelles. Pourtant
quand, en mai 1653, la cour, revenant de Fontainebleau à Paris,
s'arrête pour dîner à Essonnes[2], il est plus que probable qu'elle
y est traitée par Hesselin. En tout cas, l'année suivante, où la
Gazette donne la même indication pour le 5 mai[3], la *Muse historique* de Loret nous apprend que c'est bien Hesselin qui reçoit
le roi. Le chroniqueur consacre d'abord toutes les fleurs de son
style au maître de la maison :

> Cette ingénieuse personne
> Le fameux Monsieur Hesselin.

puis à Chantemesle, qui est un

> ... logis des plus plaisans
> Pour le dedans et pour l'entrée
> Qui soit en toute la contrée;
> Car, comme il est industrieux,
> Riche, inventif et curieux,
> Il ne plaint aucune dépense
> Pour orner cette résidence,
> Où l'on voit maintes raretez,
> Tant les hyvers que les étez[4].

Trois fois encore dans la même année Loret revient sur Hesselin. Le 20 juin, il rapporte et dément à la fois un bruit d'après
lequel

> Ce rare et galant personnage,

---

1. *Les Ballets au XVIIe siècle* (*Correspondant* du 10 mai 1892). M. Bapst
signale aussi un dessin provenant des Menus-Plaisirs et faisant maintenant
partie de la collection de M. Edmond de Rothschild, qui représente une
loge d'acteur dans laquelle un personnage, qui n'est autre que « l'inévitable
« Hesselin, » se fait habiller par deux valets. Ses armoiries sont placées de
chaque côté du dessin.

2. *Gazette* du 17 mai 1653.

3. *Ibid.*, 9 mai 1654.

4. Lettre du 9 mai 1654.

> Ce goinfre du plus haut étage,
> Cet incomparable garçon

aurait été pris et mis à rançon par des cavaliers frondeurs.

Le 28 novembre, il consacre une quinzaine de vers à la réception somptueuse qui fut faite à Chantemesle au duc d'Épernon ; c'est une occasion nouvelle de flatter le maître de la maison.

> Il traite admirablement bien,
> Il exerce dame opulence,
> Et je le sais d'expérience.

C'est-à-dire qu'Hesselin aimait les louanges et qu'il savait, par des procédés généreux, entretenir la verve louangeuse du chroniqueur.

Nouveaux compliments dithyrambiques à propos du ballet du *Temps*, donné à la cour le 3 décembre et organisé par Hesselin [1].

Les lettres des 6 et 13 février 1655 s'étendent longuement sur un grand ballet dansé au Louvre ; on lit dans la dernière :

> La sérénade d'Hesselin
> Fut-elle pas archijolie ?
> Entre les esprits d'aujourd'hui,
> Certes, il n'apartient qu'à luy
> De rafiner outre mezure
> Les plaisirs de cette nature.

Le 30 mai, à l'occasion du mariage de Laure Martinozzi, nièce de Mazarin, avec le prince de Modène, ballet à la cour presque improvisé par Hesselin, que pour la première fois on trouve désigné comme intendant des plaisirs du roi [2].

Qu'on nous permette ici une courte parenthèse sur cette nouvelle qualification. Je suis disposé à croire que le titre ne fut jamais tout à fait officiel, quoique, un peu plus tard, on le trouve dans la *Gazette* ; Hesselin, du reste, ne paraît pas l'avoir jamais porté, mais je pense qu'il exerça bien réellement la fonction, ce que M. Victor Fournel ne semble pas admettre dans son intéressante étude sur les ballets de cour [3].

Mais revenons à notre revue mondaine. Le 10 juin 1655, Laure Martinozzi, la nouvelle princesse, part pour l'Italie. A la

---

1. Loret, lettre du 5 décembre 1654.
2. *Id.,* lettre du 5 juin 1655.
3. *Les Contemporains de Molière*, t. II.

première étape du voyage, Hesselin reçoit magnifiquement les jeunes époux « en sa belle maison de Chantemesle[1]. »

Chantemesle joue un grand rôle cette année. Le 7 août, le duc de Mantoue est traité à souper avec beaucoup de magnificence par la princesse Palatine, sa tante, « dans la belle maison du sieur « Hesselin[2]. »

En septembre, la cour s'y arrête deux fois[3] ; la seconde, c'est un gala complet : deux tables aux frais du roi pour les plus grands personnages et une troisième à laquelle Hesselin régale « tous les « seigneurs, avec une chère qui répondait entièrement à la magni-« ficence du maître de cette divertissante maison. »

Le 25 octobre, la cour dîne à Essonnes. « Son Éminence y dîna « aussi dans un cabinet joignant la chambre de Leurs Majestés, « lesquelles, après s'être promenées en cet agréable lieu, en par-« tirent sur les trois heures[4]. »

En novembre, c'est une grande Saint-Hubert. Cinquante dames et cent cavaliers prennent part à la chasse, qui est suivie d'un repas somptueux et d'un grand bal. Huit jours après, on fête encore la Saint-Martin presque aussi magnifiquement. Loret consacre 80 vers à ces deux fêtes et donne carrière à sa verve louangeuse. Hesselin, à ses yeux,

> Paraît dans son palais d'Essonne
> Comme un petit roy sur son trône[5].

Le 26 décembre, le duc de Modène, revenant à la cour, se repose à Essonnes, et une autre fois encore, semble-t-il, lors de son départ[6].

Pendant l'hiver, on danse à la cour le ballet des *Heures du jour*, réglé probablement par Hesselin, et qu'en tout cas il fait danser un peu plus tard chez le premier président de Bellièvre[7].

---

1. *Gazette* du 26 juin 1655.

2. *Ibid.*, 14 août.

3. *Ibid.*, 25 et 30 septembre.

4. *Gazette* du 30 octobre 1655, et Loret, à la même date. Pour la première fois, la *Gazette* donne à Hesselin le titre de *surintendant des plaisirs du roi*.

5. Loret, 13 novembre 1655. Ce sont les termes mêmes de Boisrobert.

6. *Gazette* des 31 décembre 1655 et 27 janvier 1656.

7. Lettre du 4 mars 1656.

Puis les réceptions reprennent à Essonnes : le 12 mars, on y voit le prince de Conti[1] ; le 24 juillet, c'est Mademoiselle[2].

Celle-ci raconte à ce propos dans ses Mémoires une anecdote plaisante qui montre qu'à Chantemesle on poussait parfois un peu loin les divertissements hydrauliques. Mademoiselle venait de traverser une grotte, conduite par M. de Guise; beaucoup de courtisans suivaient à distance. Tout à coup on entend des cris, une bousculade se produit, on tombe les uns sur les autres : c'est que « l'ingénieux Hesselin » venait de faire ouvrir des jets d'eau qui sortaient de terre dans le pavé de la grotte. Une fort grande dame, la princesse de Lixin, fut couverte de boue, eut ses habits déchirés, et on fut presque obligé de l'emporter à Corbeil, où elle alla se coucher dans un couvent. Mademoiselle rit encore en le racontant.

Mais voici une visite encore plus mémorable. La reine Christine de Suède, qui avait, on le sait, abdiqué deux ans auparavant, promenait par l'Europe son excentrique personne. Elle arrivait à Paris à petites journées et partout on la recevait avec de grands honneurs. Le 4 septembre 1656, elle couchait à Fontainebleau et le jour suivant à Chantemesle. La *Gazette* l'avait annoncé plusieurs jours d'avance[3] :

« Comme Sa Majesté désire qu'on lui donne (à la reine de
« Suède) tous les plus beaux et agréables divertissements, Elle a
« aussi ordonné au sieur Hesselin, maistre de la Chambre aux
« deniers et surintendant de ses plaisirs, de la traiter en sa maison
« d'Essonne avec toute la splendeur et magnificence possible, sans
« oublier aucune des choses capables de contribuer à sa satisfac-
« tion. En quoy l'on ne doute point qu'il ne réussisse admirable-
« ment, dans un lieu si charmant et si délicieux, et qu'il n'enché-
« risse encore par-dessus tout ce que son industrie et sa politesse
« lui ont fait faire en des occasions semblables. »

La *Gazette* fit un court récit de la réception[4]; Loret est plus prolixe, et son récit compte plus de cent vers[5], mais il existe une relation moins fantaisiste et quasi officielle, imprimée chez Bal-

---

1. *Gazette* du 18 mars 1656.
2. *Ibid.*, 29 juillet, et *Mémoires de Mlle de Montpensier*, t. II, p. 430.
3. 26 août 1656.
4. 9 septembre.
5. Lettre du 9 septembre.

lard, l'éditeur privilégié des ballets[1]. Elle est véritablement curieuse et je crois devoir en reproduire quelques passages.

Le lecteur est sans doute un peu blasé sur les compliments adressés à Hesselin. Il n'est cependant pas hors de propos de reproduire le début de la relation :

« Monsieur le duc de Guise ayant escrit à Monsieur Hesselin, « maistre de la Chambre aux deniers du roy et surintendant de « ses plaisirs, que la reine de Suède avoit reçu beaucoup de joie « d'apprendre qu'elle avoit à passer à Essaune et qu'elle l'avoit « prévenu en tout ce qu'il luy eust pu dire de luy, qui estoit « connu de cette grande princesse par une réputation singulière « comme l'un des plus habiles et plus gallands hommes de France, « qui fait et entend le mieux toutes choses. »

La reine arrive chez Hesselin sur les sept heures du soir. Je passe sur la visite des jardins et de la maison, où elle trouve « que « la splendeur et la commodité se rencontroient partout admira- « blement. » Mais la nuit vient ; soudain une colonne de feu paraît « au travers de mille cristaux, à l'entrée d'une chambre à « l'italienne et terminée seulement par une voûte extrêmement « exhaussée. Une partie de cette pièce s'ouvre, et l'on voit une « grande salle pleine de monde. Hesselin paroît étonné et se jette « au-devant de cette foule, mais voilà que tout disparoît, acteurs « et décors. C'est maintenant une salle magnifiquement ornée « mais vuide, et tout à coup paroît en l'air une nuée flamboyante « pleine d'éclairs et de tonnerre » planant au-dessus des ruines d'une ville en feu.

Je n'entrerai point dans le détail des chants et des ballets, accom-pagnés encore d'autres changements à vue, mais voici un genre de décor que l'on ne pouvait guère voir qu'à Chantemesle :

« Ensuite parut une grotte d'une profondeur extraordinaire, « au-dessus de laquelle s'élevoit une montagne de cyprès, et du « haut tomboient deux rivières effectives, faisans des cascades et « jets d'eau, qui se perdit et s'esloigna de la veue par une nuée

---

1. *Relation de ce qui s'est passé à l'arrivée de la reine Christine de Suède à Essaune…; ensemble la description particulière du ballet… et un panégy-rique latin sur l'entrée de cette princesse à Paris…* Paris, Robert Ballard, 1656, in-4°. Il n'existe, je crois, que deux exemplaires connus de cette curieuse plaquette, l'un à la Bibliothèque nationale et l'autre à l'Arsenal. La relation a 12 pages, le ballet 8 et le panégyrique 16. M. Victor Fournel en a donné des extraits (*Contemporains de Molière*, t. II, p. 211).

« qui portoit un concert… Cette nuée venant s'abaisser, on apper-
« ceut au-dessus s'approcher la montagne et les cascades… »

On conduisit ensuite la reine « dans une autre grotte, où elle
« vit tout ce que l'art peut faire de plus merveilleux par l'élévation
« de l'eau et par son bruit, qui fut agréablement interrompu par
« quantité de hautbois et de musettes. »

Une magnifique collation suivit ces divertissements, puis vint
une comédie et enfin un très beau feu d'artifice tiré sur un grand
canal rempli de jets d'eau aux sons d'un nombreux orchestre.

Tout cela, d'après notre relation, donna lieu à la reine « de
« juger, par la magnificence d'un particulier domestique de son
« roy, quelle doit estre celle de son maistre. »

La reine coucha à Chantemesle. Le lendemain matin, ce furent
de nouveaux divertissements, de la musique et des vers, et, au
dîner, un concert où figuraient les vingt-quatre violons du roi,
des chants, des instruments divers.

A deux heures, Christine quittait Chantemesle, « si satisfaite
« que l'expression qu'elle en donna au maître de la maison luy
« fit perdre le souvenir des peines et des fatigues qu'il avoit souf-
« fertes pour rendre toutes choses en leur perfection [1]. »

Ces extraits, je l'espère, n'auront pas trop fatigué l'attention du
lecteur ; il était, je crois, utile de les citer pour donner une idée,
non seulement du faste d'Hesselin, mais aussi de son goût ingénieux et original. Il est tel des décors imaginés par lui qu'on
n'aurait certainement pu installer dans aucune des résidences
royales, tandis que Chantemesle était de longue date préparé et
machiné tout spécialement pour ce genre de spectacles.

L'esprit est du reste confondu par les sommes énormes que
devaient coûter de pareilles fêtes. Hesselin avait évidemment à sa
disposition le personnel ouvrier et artiste des ballets royaux et
probablement beaucoup d'accessoires, mais, quoique la réception,
au dire de la *Gazette*, eût lieu sur l'ordre du roi, il est bien à
supposer que c'était là une formule d'étiquette, destinée à sauvegar-
der la dignité de Louis XIV et aussi celle de la reine Christine,
et que l'ordre prétendu du roi ne s'étendait pas au paiement de
la dépense.

---

1. Mademoiselle avait assisté à ces fêtes, mais elle s'était attachée surtout
à observer Christine, qu'elle voyait pour la première fois. Ses Mémoires ne
donnent aucun détail sur la réception (II, 457). Voy. aussi Loret, fin de la
lettre du 9 septembre déjà citée.

Était-ce fatigue ou économie forcée? Le fait est qu'on n'entend plus parler d'Hesselin pendant plus de six mois. Le 26 avril 1657[1], il reçoit à leur passage à Essonnes le prince et la princesse de Conti, qui prennent deux repas chez lui. Son ami Loret en profite pour çonclure que le maître de la Chambre aux deniers est au mieux avec le grand maître de France, quoiqu'on ait insinué le contraire.

C'est maintenant pendant près d'un an que notre personnage nous échappe. Le 14 février 1658, nous le voyons figurer dans une entrée comique au grand ballet royal d'*Alcidiane*[2]. Né avec le siècle, Hesselin était déjà bien mûr pour figurer dans un ballet, et c'est probablement la dernière fois qu'il paya ainsi de sa personne.

Le 19 août, il reçoit à souper à Essonnes le ménage royal, qui y dîne encore le 21 septembre.

On ne le retrouve plus ensuite qu'en octobre 1660[3]. Cette fois, il n'est plus question de divertissement. Le Père Antoine Bénévent célèbre sa première messe au grand couvent des Carmes en grande pompe et en présence de Mademoiselle. La duchesse de Luxembourg fut marraine, dit Loret :

> Avec Monsieur de Chantemelle,
> Seigneur dont l'âme est noble et belle
> Et qui scait bien, depuis maint jour,
> L'air du grand monde et de la cour.

En 1661, les ballets reprennent, et c'est Hesselin qui conduit le 22 février le ballet de l'*Impatience*[4]; le 17 août, lors de la grande fête de Vaux, il prête au surintendant Foucquet le secours de sa vieille expérience[5].

Un an se passe, et nous ne retrouvons notre pauvre héros que pour le voir disparaître. Le passage de Loret est long, mais il mérite d'être lu[6].

> Par un éfet du sort malin
> Le splendide sieur Hesselin,

---

1. Loret, lettre du 28 avril 1657.
2. *Ibid.*, lettre du 16 février 1658.
3. *Ibid.*, lettres des 24 août et 28 septembre 1658.
4. *Ibid.*, lettre du 9 octobre 1660.
5. *Ibid.*, lettre du 26 février 1661.
6. *Ibid.*, lettre du 20 août 1661.

> Qui des Plaizirs du Roy de France
> Avoit la super-Intendance,
> Qui jouyssoit à tous momens
> Des mondains divertissemens,
> Bals, Balets, Festins et Maîtresses,
> Qui possédoit d'amples richesses,
> Bref l'homme dont est question
> Est mort d'une indigestion,
> Non point par un excez de boire,
> De melons, de prune ou de poire,
> De salade ny d'abricot,
> Mais pour avoir dans un écot
> Mangé cerneaux, sans rien rabatre,
> Jusqu'à deux cens nonante et quatre;
> D'autres dizent jusqu'à trois cens;
> Mais un écrivain de bon sens
> (Comme trop forte est cette doze)
> En peut déduire quelque choze.
> Enfin donc la fièvre le prend,
> La Médecine l'entreprend,
> On le saigne, l'on réitère,
> On luy purge le mézantère;
> L'Hémétique ensuite marcha,
> Qui pourtant rien ne déboucha.
> Ainsi mourut cet homme rare,
> Tant son mal fut prompt et barbare,
> Sans que ses superbes maizons,
> Ses biens, ses plaizirs... Mais brizons,
> Cessons de toucher cette corde :
> Dieu luy fasse mizéricorde[1].

Ce ton plaisant prouve bien quelle était la situation d'Hesselin à la cour. Riche et dépensant sans compter, homme de goût et d'intelligence, mais surtout épicurien, aimant par égoïsme à s'amuser lui-même et par vanité à amuser les autres, il était flagorné par les petits, caressé par les grands, exploité par tous. Au fond, il était assez peu considéré et assez peu aimé, et il ne laissa pas un ami pour faire respecter sa mémoire. On a vu le panégyrique burlesque de Loret; la *Gazette*, qui tant de fois avait enregistré son nom et ne lui avait pas ménagé les flatteries, ne consacra même pas deux lignes à l'annonce de sa mort.

---

1. Loret, lettre du 13 août 1662.

C'est le 8 août 1662 que mourut Hesselin. Cette date m'est fournie par une pièce judiciaire sur laquelle je reviendrai plus loin. C'est aussi l'année indiquée par une sorte de livre de raison que M. le baron Pichon a bien voulu me communiquer[1]. M. Pichon n'était pas encore en possession de ce document lorsque, dans sa note déjà citée, il a fait mourir notre personnage en 1664, date qui du reste est celle que donnent toutes les généalogies. Il ajoute un détail que je n'ai pu retrouver nulle part, c'est qu'Hesselin aurait été empoisonné par un domestique qui se savait porté sur le testament et était pressé de toucher son legs[2].

Où fut enterré Hesselin? Je l'ignore absolument. M. le baron Pichon, si bien instruit de tout ce qui touche à l'histoire de l'île Saint-Louis, m'a assuré qu'Hesselin avait donné une somme considérable pour la réédification de l'église Saint-Louis, qui était contiguë à son hôtel; il aurait pris une part active aux préliminaires de cette œuvre qui ne fut entreprise qu'en 1664, deux ans après sa mort, et les marguilliers se réunissaient chez lui. Peut-être est-ce à cause de ce projet de reconstruction que sa sépulture ne fut pas placée dans l'ancienne église. En tout cas, les documents qui subsistent sur les fondations pieuses faites à l'église Saint-Louis[3] ne portent trace d'aucune libéralité posthume de notre personnage.

Il n'avait du reste pas grand'chose à léguer; il était mort à peu près complètement ruiné. J'en ai trouvé la preuve dans un fragment de factum qui paraît être de 1688[4]. Cette pièce donne quelques indications qui m'ont permis de retrouver aux Archives nationales[5] un dossier ayant trait aux affaires de sa succession. Hesselin était mort, comme on l'a vu, le 8 août 1662, après une courte maladie, laissant un testament, daté du 7 août, qui instituait comme légataire universel son cousin Henri Godet, écuyer,

---

1. Ce sont des notes écrites sur les feuilles de garde d'un petit livre, fort curieux d'ailleurs par lui-même. Elles donnent les noms des ascendants d'Hesselin (Cauchon), mais il est difficile de dire par qui elles ont pu être rédigées.

2. M. Pichon m'avait indiqué les lettres de Guy Patin comme source probable de ce renseignement, mais je n'ai pas pu l'y découvrir.

3. Arch. nat., L. 675.

4. Bibl. nat., collection Morel de Thoisy, vol. 82, fol. 176.

5. Commissions extraordinaires du Grand Conseil, V⁷ 200, dossier Godet.

sieur des Bordes, doyen des auditeurs de la Chambre des comptes[1]. Les héritiers présomptifs n'étant pas à Paris, les scellés avaient été posés et l'inventaire commencé le 16 août 1662 par Guillaume Le Roux, notaire[2].

Je ne m'arrêterai pas longtemps sur cette procédure, dont je n'ai retrouvé d'ailleurs que des fragments fort incomplets. Je dirai seulement que le légataire universel, Henri Godet des Bordes, mort peu de temps après Hesselin, fut remplacé par Antoine Godet, vicomte de Soudé, frère d'Henri et son légataire universel; c'est le cousin au mariage duquel Hesselin avait assisté à Reims en 1634. Il intervint en 1664 dans un procès fort compliqué porté devant une commission extraordinaire du Grand Conseil[3]. Il accusait de faux et de dénonciation calomnieuse contre la mémoire d'Hesselin un nommé Martin Tabouret, sieur de Turny[4]. Ce Tabouret était, semble-t-il, un financier véreux qui avait capté la confiance d'Hesselin et s'était réfugié chez lui pour échapper aux poursuites de la Chambre de justice. Il avait entre les mains tous les comptes se rapportant à la Chambre aux deniers, et, d'après Godet de Soudé, il en avait abusé pour dénoncer la gestion d'Hesselin. Mais cette question ne tenait qu'une assez petite place dans les embarras de la succession, et la liquidation n'était pas terminée en 1688. La succession avait été abandonnée, et on avait dû nommer un curateur. S'il restait un actif quelconque, il devait être insignifiant.

Nulle part, dans ces pièces, il n'est question du fils d'Hesselin. Ce qui est certain, c'est qu'il se trouva pendant quelques années dans une grande détresse. Cela résulte d'une lettre autographe, de juin 1666, qu'il adressait à Colbert au nom de sa grand'mère,

---

1. Dont il existe plusieurs quittances aux Pièces originales, vol. 1346, entre les années 1645 et 1662.

2. Il était indiqué comme ayant aussi reçu le testament d'Hesselin, mais, malgré l'extrême obligeance de M. Georges Mouchet, qui conserve ses minutes, je n'ai pu retrouver ces deux pièces. Cela est fort regrettable, surtout pour l'inventaire, où figuraient probablement les objets d'art faisant partie de la succession.

3. Arch. nat., à la cote indiquée plus haut.

4. Conseiller et secrétaire du roi, du collège des six-vingts des finances. Voy. Pièces originales, vol. 2784, et Dossiers bleus, vol. 623. Il mourut au commencement de 1675.

Mme de Beaumesnil, et au sien propre[1]. Ils vivaient tous deux depuis six mois sur un secours de mille livres que leur avait accordé le ministre; le jeune Hesselin n'avait encore rien touché de l'héritage, et Mme de Beaumesnil[2] n'avait pu se faire rembourser une somme de 30,000 livres, qui lui était due par la succession d'Hesselin et dont la rente ne lui était pas payée. J'ignore si le jeune Hesselin put retirer quelque chose de la succession de son père; il finit néanmoins par jouir d'une certaine aisance. On le trouve en 1684 qualifié ancien mousquetaire du roi; en 1698, d'après un acte notarié, il est veuf de Marie-Madeleine Lebatard, fille de Pierre, charpentier ordinaire des bâtiments du roi, dont il avait trois enfants[3]. Il dut se remarier, car en 1715 on relève, au registre des publications du Châtelet de Paris[4], un acte notarié, daté du 16 janvier 1712, où il est question d'autres enfants. En tout cas, je ne pense pas qu'il ait jamais joui de l'hôtel du quai de Béthune, et c'est évidemment par erreur qu'il figure au *Livre commode* de 1692 sur la liste des « fameux curieux des œuvres « magnifiques[5]. »

Lefeuve, dans ses *Anciennes maisons de Paris*[6], dit que l'hôtel fut vendu en 1669 à François Molé, abbé de Sainte-Croix de Bordeaux et maître des requêtes. François Molé habitait en effet quai de Béthune ou des Balcons en 1672[7]. Les Almanachs royaux, dont le premier, comme on sait, date de 1701, lui donnent la même adresse en 1701, 1702 et 1703; les suivants l'indiquent comme demeurant à Charonne, mais dès 1701 il avait dû céder à

---

1. Bibl. nat., Mélanges de Colbert, vol. 138, p. 159.

2. La douairière de Beaumesnil mourut en novembre 1671, laissant un petit avoir. Voy. dans le *Bulletin héraldique* la notice déjà citée.

3. Pièces originales, vol. 1520, Hesselin.

4. Arch. nat., Y. 46, p. 120.

5. A vrai dire, la liste porte le nom d'*Aincelin* sans adresse, mais Édouard Fournier dit dans une note : « Lisez Hesselin, fils du fameux Hesselin de « l'île Saint-Louis. »

6. T. I, p. 382. L'article fourmille d'erreurs mêlées à quelques indications exactes. Lefeuve confond notamment Louis Hesselin avec Denis Hesselin, qui fut prévôt des marchands de 1479 à 1484 et qui, par conséquent, vivait près de deux siècles avant notre personnage.

7. Pièces originales, vol. 1982 (Molé), n° 538. Le Mémoire de Guillet de Saint-Georges, déjà cité, sur Gilles Guérin dit aussi que M. Molé de Sainte-Croix possédait la maison au moment où écrivait Guillet, mais ce Mémoire n'est pas daté.

Claude Forcadel, commissaire et contrôleur général des saisies réelles[1]. Après lui, à une date que j'ignore, vint Claude Monnerat, aussi commissaire aux saisies réelles, qui, suivant Germain Brice, donna la maison en location au nonce Cornelio Bentivoglio, très en faveur auprès de Louis XIV et au contraire fort mal vu du Régent, qui réclama son rappel. Le nonce avait, d'après Lefeuve, une chapelle admirablement décorée, et son escalier était l'ancien salon de musique d'Hesselin.

A Monnerat succéda M. Nègre, lieutenant criminel au Châtelet, dont nous parle Blondel[2]. Gabriel-François Nègre, seigneur de la Borde, Saint-Seine, Boisboutron, etc., procureur général honoraire aux requêtes de l'hôtel, puis lieutenant criminel au Châtelet de Paris, figure pour la première fois avec l'adresse du quai Dauphin (de Béthune) sur l'Almanach royal de 1730 et sur les suivants jusqu'en 1735. Il mourut en octobre 1767 rue des Lions, mais son corps fut transféré à l'église Saint-Louis[3].

D'après Lefeuve, la propriété aurait, en 1737, passé dans les mains de M. d'Ambrun de Montalets, qu'il qualifie par erreur intendant d'Auvergne; il aurait donné son nom à l'hôtel. Il s'agit d'Antoine Huet, seigneur d'Ambrun, etc., qui s'était retiré du service comme mestre de camp de cavalerie et avait été pourvu en janvier 1737 de la charge de lieutenant du roi au gouvernement d'Auvergne[4], mais, si la date de la cession est exacte, M. d'Ambrun n'aurait pas joui longtemps de son acquisition, car il mourut subitement le 19 octobre 1737 au château de la Ferté-Arnaud chez le duc de Saint-Simon[5].

Viennent ensuite des propriétaires moins marquants, dont Lefeuve nous donne les noms avec plus ou moins d'exactitude.

Quant à Chantemesle, Chantemelle ou Chantemerle, il résulte

---

1. Voy. Germain Brice et Blondel, déjà cités. On trouve aux Pièces originales, vol. 1193 (Forcadel, n° 27), une quittance du 6 septembre 1701 où il est dit demeurer quai des Balcons. D'après Germain Brice, il aurait « dépensé au moins cent mille francs pour réparer la maison et pour « remettre à la mode ce qui n'y était plus auparavant. » Lefeuve n'a pas connu Forcadel.

2. Blondel, ouvrage cité. Lefeuve ne mentionne pas ce propriétaire.

3. Pièces originales, vol. 2095 (Nègre), n° 6.

4. Pièces originales, vol. 1546, et *Dictionnaire de la noblesse*, de Lachenaye-Desbois.

5. Dossiers bleus, vol. 363.

des papiers du prieuré de Saint-Jean-en-l'Ile, de Corbeil[1], que la maison avait été adjugée par décret en 1668, mais on ne dit pas le nom de l'acquéreur. Elle appartint successivement à Jean Dupin[2], saisi en 1684 (c'était peut-être le successeur direct d'Hesselin), à Antoine Valban ou Dalban, sr du Plessis, qui la vendit, en 1702, à Pierre Orceau, intéressé dans les affaires du roi ; en 1721, nouvelle vente à Louis-Alexandre Girardin, en 1723 à Pierre-Gédéon de Nolivos et Renée Gril, sa femme ; en 1740, Nicolas-Louis Debeau et Jean-François Durand achetaient à leur tour des créanciers de M. de Nolivos. Ensuite les renseignements font à peu près défaut. Tout ce qu'on peut dire, c'est que, d'après le *Dictionnaire topographique* d'Oudiette[3], il y avait, en 1816, à Chantemesle (alors Chantemerle) une filature de coton et un atelier de tissage, fondés par Oberkampf vers 1806, je crois. Chantemesle appartenait récemment à M. Féray, sénateur.

Un mot maintenant sur l'iconographie d'Hesselin. On connaît de lui deux portraits gravés par Nanteuil. L'un, le plus beau sans contredit, porte la signature : *Nantueil faciebat*, sans date. Il doit être le plus ancien ; la physionomie y est en effet beaucoup plus jeune que dans le second. La gravure est excellente et les ornements formant cadre sont du meilleur goût. L'inscription est ainsi conçue : « Ludovicus Hesselin, Regis a secretioribus consiliis, « palatii et cameræ denariorum magister. » Au-dessous du portrait est un médaillon, dans lequel on voit une fusée allumée autour de laquelle on lit : « Superest dum vita movetur[4]. » Le second portrait, ainsi signé : *R. Nanteuil ad vivum faciebat, 1658*, est d'une plus grande dimension. La figure est plus vieille, les traits plus accentués. Le cadre ovale est à simples filets sans ornements ; au-dessous sont les armes écartelées de Cauchon et d'Hesselin supportées par des griffons. La légende (incomplète dans l'exemplaire du Cabinet des estampes par suite d'une déchirure) porte :

---

1. Arch. nat., S. 5149.

2. Un sieur Dupin avait acquis une des trois charges de maître de la Chambre aux deniers possédées par Hesselin, mais je n'ai pas son prénom.

3. Paris, 1817, in-8°, au mot *Essonnes*. Voy. aussi les articles biographiques sur Oberkampf.

4. Au carrousel de juin 1662, le comte d'Illiers avait pris aussi pour emblème une fusée avec cette devise : *Poco duri purche m'innalʒi* (*Magasin pittoresque* de juillet 1842).

« Ludovicus Hesselin a secretioribus consiliys Palatii et Cameræ
« (denariorum) M(agister). »

Il existe aussi une médaille d'Hesselin. Le Cabinet des médailles
en conserve un exemplaire; un autre appartient à M. le baron
Pichon. La médaille, en bronze fort mince et d'un assez grand
diamètre, représente sur la face un buste de profil avec des che-
veux longs et un peu en désordre, moustaches et royale. La
légende, assez incorrecte et en lettres mal venues, porte : « Luc.
« Hesselin, Reg. a. cons. et Œcon. ac Ærar. Domest. Præfect. »
Le tout est entouré d'un cercle de perles. Au revers est une fusée
allumée, semblable à celle du portrait, entourée d'une couronne
de feuilles de laurier. La légende est pareille à celle que j'ai rap-
portée plus haut, autour est un cercle de perles comme sur la face.

Je n'ai pas la prétention de croire que la notice qu'on vient de
lire soit tout à fait complète, mais elle contient des détails nouveaux et qui offrent, si je ne me trompe, un certain intérêt pour
l'histoire anecdotique du temps. Hesselin, d'ailleurs, malgré son
caractère médiocrement sympathique, était un homme de goût et
d'imagination, un protecteur éclairé de l'art et des artistes, et il
mérite à ce titre de ne pas tomber tout à fait dans l'oubli.

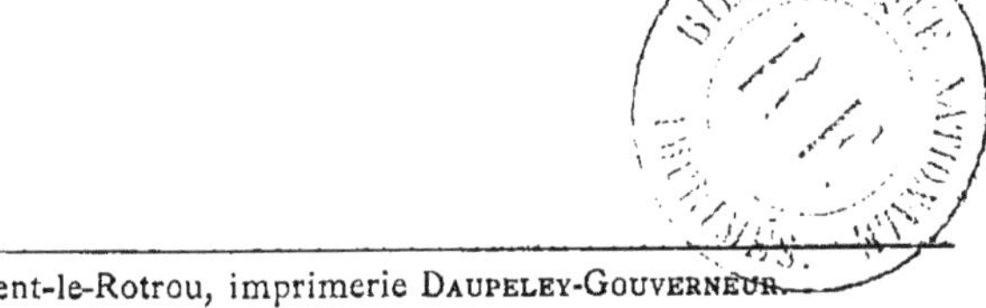

www.ingramcontent.com/pod-product-compliance
Ingram Content Group UK Ltd.
Pitfield, Milton Keynes, MK11 3LW, UK
UKHW020107100726
13658UKWH00005B/2020